Manuel pratique du
Tableau de vie

Catalogage avant publication de Bibliothèque et Archives nationales du Québec et Bibliothèque et Archives Canada

Williamson, Alain, 1958-

    Manuel pratique du Tableau de vie : un guide pour dévoiler votre passion et la transposer dans vos rêves

    ISBN 978-2-89436-360-7

    1. But (Psychologie) - Guides, manuels, etc. 2. Réalisation de soi - Guides, manuels, etc. I. Titre. II. Titre : Tableau de vie.

BF505.G6W542 2012   153.8   C2012-941485-9

Nous reconnaissons l'aide financière du gouvernement du Canada par l'entremise du Fonds du livre du Canada (FLC) pour nos activités d'édition.

Nous remercions la Société de développement des entreprises culturelles du Québec (SODEC) pour son appui à notre programme de publication.

Gouvernement du Québec – Programme de crédit d'impôt pour l'édition de livres – Gestion SODEC – www.sodec.gouv.qc.ca.

Infographie de la couverture et mise en pages : Marjorie Patry
Révision linguistique : Amélie Lapierre
Correction d'épreuves : Michèle Blais

Éditeur : Les Éditions Le Dauphin Blanc inc.
          Complexe Lebourgneuf, bureau 125
          825, boulevard Lebourgneuf
          Québec (Québec) G2J 0B9 CANADA
          Tél. : 418 845-4045   Téléc. : 418 845-1933
          Courriel : info@dauphinblanc.com
          Site Web : www.dauphinblanc.com

ISBN : 978-2-89436-360-7

Dépôt légal : 4ᵉ trimestre 2012
              Bibliothèque nationale du Québec
              Bibliothèque nationale du Canada

Imprimé au Canada

Limites de responsabilité

L'auteur et la maison d'édition ne revendiquent ni ne garantissent l'exactitude, le caractère applicable et approprié ou l'exhaustivité du contenu de ce programme. Ils déclinent toute responsabilité, expresse ou implicite, quelle qu'elle soit.

Alain Williamson

Auteur du best-seller *Le tableau de vie*

Manuel pratique du
Tableau de vie

*Un guide pour dévoiler votre passion
et la transposer dans vos rêves*

Le Dauphin Blanc

Table des matières

Avant-propos

       n février 2012, je publiais *Le tableau de vie*. Inspiré par une personne chère de mon entourage – à qui, d'ailleurs, je dédiais cette publication –, ce livre raconte l'histoire d'une femme, Fannie, coincée dans un emploi très rémunérateur, mais qui ne lui convient pas. Pour tout dire, elle déteste son travail et ses contraintes. Elle rêve plutôt de peindre, car elle est habitée par la passion et un réel talent pour la peinture. Au fil des pages, elle doit choisir entre sa passion et ses peurs.

    Avant la publication du *Tableau de vie*, j'avais observé que la plupart des gens ne faisaient pas ce qu'ils aimaient dans la vie. Je fus cependant renversé – et ému, il va sans dire – de recevoir des dizaines et des dizaines de témoignages de lecteurs qui se reconnaissaient dans l'histoire de Fannie. Les gens me confiaient qu'ils avaient été bouleversés par la réflexion que la lecture de mon livre suscitait en eux. Plusieurs avouaient avoir pleuré, certains remettaient en question leur parcours professionnel et d'autres me demandaient des conseils. Quelques lecteurs me confiaient même qu'ils ignoraient la nature de leur passion, voire si seulement ils en avaient une.

    Tous ces témoignages reflétaient un désarroi, un vide existentiel, une détresse même. J'avais d'abord écrit cette histoire pour soutenir et inspirer une personne qui m'est chère, et voilà que des milliers et des milliers de personnes s'étaient reconnues à travers elle. À peine un mois après sa parution, l'ouvrage était devenu un succès de vente au Québec.

Suivirent des rencontres directes avec les lecteurs lors de salons du livre ou de séances de signature. J'accueillais toujours les mêmes commentaires et surtout les mêmes questions : « Comment puis-je découvrir ma passion ? Comment puis-je la vivre ? Comment puis-je réaliser la vie de mes rêves ? »

Après quelques hésitations, j'ai accepté de rédiger ce manuel pratique qui s'est imposé de lui-même. Mes doutes portaient sur le fait que je n'aime pas les formules toutes faites. Je ne prétends surtout pas détenir LA méthode qui permet aux gens de réaliser la vie de leurs rêves. Je persiste à croire qu'une histoire inspirante demeure la meilleure façon de les rejoindre et de les amener à une réflexion personnelle sur leur vie, leur carrière, leur passion ou tout autre sujet.

Cela dit, la question va tout de même au-delà de l'inspiration : « Comment puis-je réaliser la vie de mes rêves ? » Puis, ce sont les interrogations suivantes que les lecteurs me formulaient continuel-lement : « Par où dois-je commencer ? » et « Comment dois-je m'y prendre ? »

C'est en magasinant un voyage à Hawaï que l'idée du présent manuel a germé. Si des brochures et quelques sites Internet nous avaient inspiré le désir de visiter cet archipel, ma femme et moi ignorions en grande partie l'itinéraire à choisir, ce qu'il fallait abso-lument voir et faire, ce qu'il était préférable d'éviter, les possibilités qui s'offraient à nous, enfin, plein d'informations pratiques et même indispensables. Notre agent de voyages a pallié tout cela. Il nous a proposé un parcours, il nous a recommandé des lieux, il nous a aidés à structurer les déplacements pour maximiser notre séjour à Hawaï. Il fut un guide pour nous.

Avant-propos

En rédigeant ce manuel, c'est un peu ainsi que je me sens : un agent de voyages. Et le voyage, c'est celui de la quête de votre vie de rêve. Je vous propose un tracé. À vous de le suivre, de le modifier ou de le réécrire. Je vous offre des conseils et des trucs. À vous de les suivre et d'en tenir compte ou de les ignorer. Soyons clairs, vous et moi : la responsabilité du voyage vous appartient. C'est à vous de faire le travail exigé. C'est votre vie, votre passion. Comme je l'écrivais dans *Le tableau de vie*, le temps, entre les deux dates qui seront un jour inscrites sur votre pierre tombale, vous appartient. Il ne tient qu'à vous de l'utiliser à bon escient ou de le gaspiller. Je sais, par expérience, que les efforts en valent la peine.

Je m'offre donc pour vous accompagner dans ce qui pourrait être le plus beau de vos voyages : celui vers vous-même, vers votre passion, celui de la vie de vos rêves.

Comme nous l'a dit notre agent de voyages, « je vous souhaite un excellent voyage ».

Cordialement,

Alain Williamson

Introduction

❧

Permettez-moi de brosser le portrait d'un couple, Résigné et Lasse. Résigné est un homme dans la mi-quarantaine, tandis que sa femme, Lasse, vient d'avoir quarante ans. Ils occupent tous deux des postes assurés et très bien rémunérés. Lui est un professionnel de la fonction publique. Elle est cadre dans une grande entreprise de services publics. Leurs emplois leur permettent un rythme de vie envié par plusieurs, en plus de leur garantir l'« indispensable » fonds de retraite. Ils possèdent une magnifique résidence, chacun leur voiture et tous les bidules électroniques ou branchés disponibles. Ils vont très souvent au restaurant et font un voyage à l'occasion. Après tout, ils travaillent tellement fort tous les deux, ils méritent bien de se gâter un peu.

Jusque-là, le portrait vous plaît sans doute. Vous vous dites probablement que ce couple a de la chance, et vous l'enviez peut-être même un peu… ou beaucoup.

Maintenant, ajustons notre lentille et regardons de plus près.

Résigné et Lasse quittent la maison dès 7 h 30 et n'y reviennent souvent que vers 17 h 30 ou 18 h, du lundi au vendredi inclusivement. Le temps d'essayer de décompresser ou de chasser les frustrations de la journée, de préparer un repas et de l'avaler sans enthousiasme puis de s'affaisser devant la télé une heure ou deux, et c'est déjà l'heure de se coucher. Oh, il y a bien la fin de semaine qui est libre, mais une fois les tâches ménagères et autres obligations de la vie complétées, il reste à peine une journée, parfois moins, pour relaxer et essayer de refaire leurs énergies, car le même manège reprend le lendemain. Tous les deux vivent du stress rien qu'à y penser.

Résigné se plaint régulièrement de maux de dos, tandis que Lasse est de plus en plus affligée de migraines. Ils ont tous les deux des talents… restés endormis. Lui est un habile menuisier qui peut tout réaliser. Les meubles en bois l'attirent particulièrement. Elle est une décoratrice née. Ils passent tous les deux du temps à lire sur leurs champs d'intérêt, à en rêver, à être nostalgiques quant à leurs passions. Mais où trouver le temps de s'y mettre, avec le boulot et les obligations qui grugent la majeure partie de leurs heures jour-nalières? Bien sûr, il y a toujours les gâteries qu'ils s'offrent pour déjouer l'ennui et essayer de combler le vide qu'ils ressentent, mais l'effet est toujours passager. D'ailleurs, il s'effrite plus vite avec les années. Régulièrement, ils inventent des raisons parfois loufoques pour justifier des absences au bureau, essayant de profiter de tous les avantages que leur permettent leurs emplois. Et, bien sûr, ils préparent leur retraite comme si c'était un plan de carrière. Ils en rêvent, ils comptent les jours qui les séparent de la libération, de « ce paradis » (la retraite) après « la mort » (le boulot). Ils souhaitent la prendre le plus tôt possible, mais ils prient surtout pour pouvoir en profiter le plus longtemps possible. S'ils sont chanceux, ils auront dix ou quinze ans pour faire ce qu'ils ont toujours voulu faire. Mais peut-être moins… Quelle ironie quand on pense qu'ils auront passé près de quarante ans à attendre ce moment! Quarante de leurs plus belles années! Des années où ils étaient en pleine possession de leurs moyens. Des années qui auront pourtant été vécues comme une sentence. Entre-temps, les maux se font plus présents, l'épuisement professionnel et la dépression les guettent au tournant d'une année quelconque et la résignation et la lassitude sont leur lot quotidien.

Introduction

Toujours envieux? L'envers de la médaille vous plaît moins, sans doute. Peut-être vous dites-vous que le portrait de ce couple est exagéré. C'est pourtant la réalité de millions de personnes. Une simple observation autour de vous vous permettra de constater qu'au moins sept personnes sur dix (personnellement, je dirais huit) ne font pas ce qu'elles aiment et mènent une vie peut-être pas malheureuse, mais à tout le moins vide de sens et très éloignée de leurs rêves. Pourquoi? Simplement parce qu'elles ne mènent pas la vie dont elles rêvent, parce qu'elles ont ignoré ou refoulé leurs passions pour « gagner » leur vie. Et c'est là un drame humain trop souvent passé sous silence, un drame tant sur le plan personnel que collectif.

En effet, la personne qui vit un tel drame n'est pas la seule à en souffrir. Nous tous en souffrons également. Lorsqu'une personne n'exploite pas un talent particulier qu'elle possède, ne vit pas ce qu'elle rêve de vivre et ne réalise pas sa « mission » – ce que chacun de nous est venu accomplir durant sa vie –, alors elle ne donne pas à la collectivité, voire au monde, le meilleur d'elle-même. Je crois fermement que le monde serait très différent et nettement meilleur si chacun suivait sa passion et offrait aux autres et à la société ce qu'il sait faire de mieux. Pour comprendre l'importance de la passion, il suffit de constater à quel point notre vie a été changée et améliorée par le travail de personnalités qui ont suivi leur passion et qui se sont appliquées toute leur vie à l'exploiter, pour le grand bénéfice de la société humaine, de la faune ou de l'environnement.

Vivre sa passion apporterait également une perspective différente sur la question de la retraite et de tous les problèmes financiers qui y sont reliés et dont on parle de plus en plus dans les pays industrialisés. Forcément, lorsque le travail quotidien que nous accomplissons ne nous plaît pas véritablement ou qu'il ne correspond pas à ce que nous avons toujours voulu faire, nous souhaitons que la retraite, telle une délivrance, arrive le plus tôt possible. Malheureusement, avec la baisse du taux de natalité dans les grands pays occidentaux, de moins en moins de jeunes gens devront assumer les coûts de la pension de leurs aînés de plus en plus nombreux. En conséquence, les gouvernements se voient contraints de repousser l'âge légal de la retraite, au grand dam de la majorité des gens.

À l'inverse, les gens qui vivent leur passion et qui en ont fait leur travail ne songent pas à la *retraite*. Il semble que ce mot soit un non-sens pour eux. Et pour cause. Pourquoi souhaiterions-nous nous retirer d'une activité qui nous passionne, qui nourrit notre être entier et qui s'avère lucrative ?

Par mon travail d'éditeur, j'ai eu la chance de rencontrer à plusieurs reprises de telles personnes. Parmi elles, je peux citer en exemple l'incomparable Eugène Tassé, homme d'affaires québécois, multimillionnaire, qui a fait fortune d'abord dans l'alimentation puis dans l'immobilier[1]. À 87 ans, M. Tassé, au moment d'écrire ces lignes, est au bureau tous les jours, et ce, tôt le matin jusqu'à 17 h. Il continue de créer de la richesse et de démarrer des projets en plus de partager ses connaissances, au grand bénéfice de la collectivité. La passion des affaires pétille toujours dans ses yeux et garde son cœur jeune, plus jeune que celui de bien des gens de trente, quarante ou cinquante ans.

J'ai aussi en mémoire une entrevue de fond qu'avait accordée le célèbre astrophysicien québécois, Hubert Reeves, à un journaliste sur les ondes d'une chaîne de télévision québécoise lors du lancement d'un DVD. À la fin de l'entrevue, le journaliste fit remarquer à M. Reeves qu'à quatre-vingts ans, il continuait à enseigner, à donner des conférences, à écrire des livres et même à produire des DVD pour vulgariser l'Univers et l'astronomie en général. Puis, il lui demanda : « Vous n'auriez pas le goût d'arrêter, de prendre une retraite méritée ? » Vif d'esprit et intelligent, Hubert Reeves lui avait répondu, dans un sublime sourire, que s'il prenait sa retraite, il continuerait tout de même de faire ce qui le passionne, soit partager ses

---

1. Voir le livre *Le Secret d'un Homme Riche* publié aux Éditions Le Dauphin Blanc en 2011.

connaissances de l'Univers et de l'astronomie, alors que là, il était payé pour le faire !

Je recommande beaucoup de lire sur les gens passionnés et, encore mieux, de les côtoyer. Si les passions empruntent différentes voies, elles sont toutefois nourries par une énergie commune et contagieuse. Saisissez chaque occasion qui se présente de parler avec des passionnés, de les observer, de lire leurs écrits ou leur biographie. C'est une excellente source de motivation et d'inspiration dans la quête de votre vie de rêve et de bons exemples de persévérance.

Vivre sa passion est assurément l'un des plus grands bonheurs que l'être humain puisse vivre. Pourtant, cet aspect est généralement absent de notre système d'éducation. Rarement nous encourageons nos jeunes à trouver leur passion et à l'exploiter jusqu'à en faire leur gagne-pain. Que ce soit à la maison ou à l'école, qui d'entre nous ne s'est pas fait dire d'arrêter de rêver ? Qui ne s'est pas fait décourager par des phrases comme « sois réaliste », « reviens sur terre », « comment vivras-tu ? », et bien d'autres remarques du même genre, toujours dans le but de nous aider, évidemment. Combien se sont fait imposer, subtilement ou directement, un choix de carrière ? Combien ont choisi une carrière selon les possibilités d'emploi ou de revenus ? Ou combien ont été influencés dans leur choix par un environnement familial ou social modeste et limité ou par des ressources incomplètes, voire manquantes ?

Certains objecteront que des conditions familiales ou sociales difficiles ou des milieux de vie modestes ne permettent pas l'épanouissement des passions. À ceux-là je dirais que les conditions extérieures peuvent rendre le défi plus grand ou la route plus difficile, mais qu'elles n'empêchent rien, à part des cas extrêmes, nous en conviendrons. L'histoire de vie de gens passionnés qui ont réussi au-delà même de leurs espérances en témoigne. Et l'histoire de milliers de personnes inconnues du public, mais qui vivent tout de même leur passion, en témoigne également. Je peux moi-même le confirmer.

Né dans une famille ouvrière pauvre des années cinquante, les ressources matérielles et financières faisaient cruellement défaut à la maison. Ma famille se partageait un minuscule appartement mal chauffé dans un quartier populaire de Québec, quartier que la vermine avait aussi adopté. Je portais régulièrement le linge que mon frère aîné avait porté avant moi et qu'un cousin plus fortuné avait porté avant lui. Et ce n'est qu'à dix-sept ans que je goûtai au bonheur de me glisser dans un bain chaud, chez moi. Auparavant, nous n'avions ni eau chaude, ni douche, ni bain. Comme bien d'autres jeunes de mon environnement, la pression sociale de rapporter de l'argent assez tôt et les conseils de mes parents aux visions limitées m'amenèrent à avoir pour but de me trouver rapidement un emploi sûr, le summum étant pour mes parents un emploi de fonctionnaire. Après de brèves études, je me retrouvai tôt sur le marché du travail à occuper différents emplois, tous éloignés de ma passion pour le monde du livre, et donc vides de sens pour moi. J'étais même sur le point de vivre l'apothéose : un emploi dans la fonction publique ! Mais, à trente ans, ma vie bifurqua et je pris la décision de suivre ma passion. Je la vis au quotidien depuis des années par mon travail d'éditeur, de traducteur et d'auteur.

Je ne partage pas mon histoire pour attirer les applaudissements et encore moins pour susciter la pitié, mais je sais à quel point l'inspiration qu'a fait naître en moi la vie de certaines personnes a joué un rôle crucial dans ma quête d'une vie passionnée. Si ma propre histoire peut servir en ce sens, j'en suis heureux.

Je partage également mon histoire pour soutenir la pensée – à laquelle j'adhère – à savoir que l'intérieur conditionne l'extérieur. Dans ma conception de la vie, sauf dans des cas extrêmes (si vous êtes lourdement handicapé et que votre passion est d'escalader des montagnes, il faut reconnaître que le défi est de taille), les conditions extérieures n'ont pas une si grande influence que nous pourrions le croire. Tout simplement parce qu'elles peuvent être modifiées en transformant notre intérieur. Nous entrons ici dans un sujet qui déborde du thème de ce livre, et je laisse le soin aux lecteurs de faire leurs propres recherches à ce sujet. Je me contenterai de suggérer les écrits de Neville Goddard qui, pour ma part, ont véritablement raffermi mes convictions et joué un rôle primordial dans le développement de ma pensée.

Cela dit, j'aimerais tout de même apporter une distinction importante. Si je suis persuadé que l'intérieur détermine l'extérieur, je ne suis pas partisan de la pensée magique. Je ne crois pas qu'il suffise de penser, aussi fort que l'on puisse y arriver, à un désir pour le voir se matérialiser. Le processus est plus complexe que cela et exige des efforts à différents niveaux. De plus, il faut tenir compte de l'univers matériel dans lequel nous évoluons et qui pose quelques contraintes, par exemple le temps. C'est pourquoi la méthode que je propose dans les pages suivantes s'appuie sur l'établissement d'un plan d'action et sur la persévérance dans l'application de ce plan. Ces éléments sont, à mon sens, indispensables à toute transformation consciemment réalisée.

À ceux qui espéraient obtenir une formule magique ou une clé inconnue et mystérieuse déliant toutes les contraintes et ouvrant automatiquement le coffre aux trésors de leurs désirs, je suis désolé de leur dire qu'ils ne trouveront rien de tel dans ce manuel. Cependant, si vous désirez sincèrement vous lancer dans la plus belle des aventures, soit la quête de votre vie de rêve, et si vous êtes prêt à déployer les efforts nécessaires – et je pourrais ajouter, à accepter les sacrifices possibles –, alors ce manuel pourrait vous être d'une grande utilité, comme un guide.

Je tiens à apporter une précision très importante. Le but de créer votre vie de rêve est avant tout de faire au quotidien ce qui vous passionne. Ce n'est pas nécessairement de devenir riche et populaire, confusion qui est souvent exprimée dans le public. D'ailleurs, vous remarquerez que le sous-titre du livre *Le tableau de vie* n'est pas

« une histoire inspirante pour réaliser vos rêves », mais bien « une histoire inspirante pour réaliser la vie de vos rêves ». C'est une distinction importante que seule une animatrice de radio avait remarquée jusqu'ici. Elle m'avait d'ailleurs demandé d'expliquer cette différence sur les ondes de son émission. Réaliser des rêves peut être fait même en ayant un emploi que nous aimons plus ou moins ou qui n'est pas relié à notre passion. Si, par exemple, l'un de vos rêves est de vous payer une auto de luxe ou de faire un voyage à Bora Bora, n'importe quel emploi bien rémunéré peut vous le permettre, que ce travail vous passionne ou non. Ma proposition est tout autre. J'invite les gens à mettre tout en œuvre pour vivre une vie passionnante, à faire ce qu'ils ont toujours souhaité faire.

Il se peut que votre passion vous apporte gloire et fortune, mais il se peut aussi qu'elle ne vous donne rien de cela. Peut-être vous fera-t-elle bien vivre tout simplement. Le but est de faire ce qui vous passionne. Ainsi, vous connaîtrez un bonheur quotidien, un incomparable sentiment d'être sur votre voie et une immense liberté. Si votre passion est d'écrire, c'est en écrivant le plus souvent possible que vous serez heureux et épanoui, que vos écrits vous rapportent de l'or ou tout juste un revenu acceptable. Pour reconnaître la véracité de ce que je dis, repensez à tous les gens qui gagnent un salaire leur permettant un train de vie luxueux, mais qui ne s'épanouissent pas dans leur travail. Quel est le but ? Gagner un gros salaire ou faire ce que l'on aime ? À vous de choisir. Mais je peux vous assurer que la deuxième option vous apportera infiniment plus de satisfaction et d'épanouissement que la première.

Cette distinction étant faite, je dois toutefois confier que je crois fermement que la vie (ou Dieu, ou l'Univers, peu importe) soutient ceux qui osent suivre leur passion et que, tôt ou tard, s'ils persé-vèrent suffisamment, ils en seront récompensés sur le plan matériel. L'argent peut se faire rare au début, mais inévitablement, les revenus croîtront à mesure que la passion s'affirmera et produira des résultats concrets dans le monde.

Introduction

Avant d'entamer le cœur du livre, soit la méthode elle-même, j'aimerais vous rappeler que ce manuel est un outil de travail très personnel. Vous y écrirez des notes qui ne regardent que vous. Si vous avez acheté ce livre, c'est que vous espérez transformer votre existence. Vous allez investir du temps, de l'énergie, des efforts, des moments intenses de réflexion. Vous partez à la conquête de la vie la plus passionnante qui soit : votre vie de rêve. Il serait désolant que des gens, même sans malveillance, lisent vos notes personnelles et s'en servent pour vous décourager, vous démoraliser ou, pire, vous ridiculiser.

Ce manuel vous est personnel. Conservez-le donc en lieu sûr, à l'abri des regards indiscrets. Il ne concerne que vous et votre passion.

Chapitre 1

Dévoiler sa passion

*L*a passion est définie comme étant une émotion très forte qui va à l'encontre de la raison. Il se peut que la raison l'ait emporté sur la passion pour la majeure partie des gens. Après tout, on nous apprend beaucoup plus à être raisonnables qu'à exprimer nos douces folies. Pour comprendre la passion et la reconnaître en nous, il faudra donc faire l'effort de mettre la raison quelque peu en veille. Il faudra faire fi de tous les arguments logiques et raisonnables et nous permettre de pénétrer dans un autre univers : celui de la passion, du rêve, du cœur.

Si, à votre lever le matin, vous êtes débordant d'enthousiasme à l'idée de vous rendre au travail, si vous ne voyez pas le temps passer lorsque vous êtes au boulot, si vous retirez une grande satisfaction (autre que le salaire) à la fin de la journée, si votre travail vous permet de vous épanouir, alors vous faites partie du mince pourcentage de gens qui vivent leur passion au quotidien. Et ce livre, du moins ce premier chapitre, ne vous sera pas d'une grande utilité.

Par contre, si vous avez répondu par la négative aux énoncés précédents – ne serait-ce qu'à un seul –, il y a fort à parier que vous ne vivez pas votre passion. Un autre exercice vous permettra de savoir si vous vivez ou non votre passion – un classique celui-là. Imaginez-vous en possession de dix millions de dollars (ou de n'importe quel montant qui vous paraît suffisant pour être indépendant de fortune) et demandez-vous comment vous voulez occuper le reste de votre vie. La réponse est très souvent votre passion. Par ailleurs, il est intéressant de faire une petite expérience à ce sujet. Demandez aux gens ce qu'ils feraient s'ils gagnaient soudainement une grosse somme d'argent les rendant indépendants de fortune. Dans la plupart des cas, ils vous répondront automatiquement qu'ils arrêteraient de travailler, comme quoi leur travail n'est pas du tout une passion.

La passion est un élan d'enthousiasme, constamment renouvelé, qui vous pousse à réaliser des choses et à travailler avec ardeur, qui vous inspire des idées nouvelles et des projets stimulants. La passion est une énergie dynamisante, un feu ardent au cœur de votre être. Elle donne un sens à votre vie ; elle est d'ailleurs, la plupart du temps – pour ne pas dire pratiquement toujours –, reliée à votre mission de vie, à ce que vous êtes venu apporter au monde, à la différence que vous pouvez faire, peu importe le domaine ou le niveau.

Malheureusement, plusieurs personnes ignorent la nature de leur passion ou n'ont pas la certitude de la reconnaître. Certaines personnes croient même ne pas avoir de passion. Pourtant, nous avons tous au moins une passion, mais elle est souvent enfouie au fond de nous-mêmes.

Votre première tâche consistera donc à débusquer cette passion, à l'identifier, à la *dévoiler* – comme je le mentionne dans le sous-titre.

Voyons maintenant des pistes de réflexion et des exercices pour vous aider à mettre au jour et à déterminer votre passion.

N'oubliez pas que vous devez absolument éviter pour l'instant de vous laisser freiner par les limites que votre raison soulèvera (je vous avais prévenu qu'il fallait la faire taire un peu, celle-là !). Pour le moment, nous ne désirons qu'identifier notre passion. Nous verrons plus loin ce qu'il est possible de faire avec elle, mais nous n'en sommes pas là. Donc, évitez de considérer toute limitation, qu'elle soit financière, physique, temporelle ou autre. Permettez à votre passion, pour une fois, de s'exprimer. Voici quelques façons d'y parvenir :

1. Revisitez votre enfance et votre adolescence

Comme je le mentionnais auparavant, notre passion s'est fort possiblement manifestée, consciemment ou non, fortement ou non, au cours de l'enfance et de l'adolescence. Généralement, ces périodes de la vie sont propices aux rêves et permettent tous les espoirs. Elles recèlent, sinon des souvenirs, du moins des indices de votre passion.

Premier exercice – Souvenirs d'enfance

Retirez-vous dans un lieu calme où vous ne risquez pas d'être dérangé. En respirant lentement et profondément, glissez graduellement dans un état de profonde relaxation à la limite du sommeil. Dans cet état, laissez votre esprit vagabonder à travers vos souvenirs d'enfance. Ne mettez aucune limite ; laissez monter les souvenirs et observez-les. Notez ceux qui vous semblent passionnants. Qu'y faisiez-vous ? Où étiez-vous ? Qu'est-ce qui suscitait autant d'enthousiasme chez vous ?

Revenez graduellement à votre vie éveillée et inscrivez ci-dessous ce que vous avez observé.

Ne forcez rien durant cet exercice. Laissez simplement les images venir à votre mémoire. Ne faites pas durer l'exercice trop longtemps ; une trentaine de minutes peuvent suffire. Il vaut mieux refaire l'exercice à plusieurs reprises que de le faire une fois sur une période trop longue. Il est possible que rien ne vous semble concluant par rapport à l'identification de votre passion. À ce stade-ci, ne vous en inquiétez pas. Les prodiges et les génies ont souvent la certitude de leur passion dès un très jeune âge, mais c'est loin d'être le cas pour la plupart des gens. L'exercice suivant vous amènera à une autre période, celle de l'adolescence, où bien souvent la passion s'affirme davantage.

Notes sur le premier exercice :

_____

_____

_____

_____

_____

_____

_____

_____

_____

_____

_____

_____

_____

Chapitre 1 : *Dévoiler sa passion*

Deuxième exercice – Souvenirs d'adolescence

Refaites le même processus qu'au premier exercice, mais cette fois en vous attardant à la période de l'adolescence. Il est possible que l'enfance n'ait rien dévoilé de concluant, alors que l'adolescence mettra votre passion en lumière. Il est aussi probable que les souvenirs d'enfance aient laissé entrevoir des indices de votre passion.

Notes sur le deuxième exercice :

Chapitre 1 : *Dévoiler sa passion*

Troisième exercice – Collecte d'informations

Pour autant qu'il est possible de le faire, interrogez les gens qui vous ont connu enfant et adolescent (et même jeune adulte) et demandez-leur quels souvenirs ils ont de vous, de ce que vous faisiez, de ce qui vous démarquait. Vous pouvez interroger vos parents, frères et sœurs, oncles, tantes, cousins, amis – si vous les voyez toujours –, voisins, professeurs, grands-parents – s'ils sont toujours vivants. Soyez *en mode* écoute. Observez ce qu'ils vous racontent et prenez des notes que vous pourrez par la suite comparer avec vos propres souvenirs inscrits aux premier et deuxième exercices. Pouvez-vous déjà faire des liens?

Notes sur le troisième exercice :

_____

_____

_____

_____

_____

_____

_____

_____

_____

_____

_____

_____

_____

Chapitre 1 : *Dévoiler sa passion*

Si, à ce stade, vous pouvez faire des liens entre vos observations découlant des exercices effectués, notez-les :

_____

_____

_____

_____

_____

_____

_____

_____

_____

_____

_____

_____

_____

_____

_____

_____

_____

_____

_____

_____

_____

Quatrième exercice – Fouille d'albums de famille

Voici un exercice plutôt amusant et facile. Consultez les albums de photos de votre famille dans lesquels vous retrouverez des images de vous enfant, adolescent et jeune adulte. Les parents ont très souvent tendance à photographier leurs enfants alors qu'ils s'adonnent à ce qui les intéresse. Vous pourrez y découvrir d'autres pistes.

Notes sur le quatrième exercice :

_____

_____

_____

_____

_____

_____

_____

_____

_____

_____

_____

_____

_____

_____

_____

Cinquième exercice – Stimulation des souvenirs

Certaines personnes ont du mal à relaxer et à accueillir les souvenirs. Les premier et deuxième exercices ne leur seront pas alors d'une grande utilité. Il existe d'autres moyens pour stimuler l'émergence des souvenirs. L'un d'eux consiste à retourner dans le quartier de votre enfance, à arpenter les rues, les parcs que vous fréquentiez. Le but est de vous replonger dans une atmosphère propice aux souvenirs d'enfance. Un autre moyen est de revoir les bulletins d'école et les différents travaux scolaires, si vous les avez conservés. Vos points forts et champs d'intérêt sont de bons indices. Vous pouvez aussi refaire une activité que vous faisiez à l'époque (coloriage, bricolage, jeux, pièces musicales, etc.).

Notes sur le cinquième exercice :

_____

_____

_____

_____

_____

_____

_____

_____

_____

_____

_____

_____

2. Faites le tour de vos loisirs

Ce que vous aimez faire dans vos temps libres est très révélateur de vos passions. Durant ces périodes, vous vous adonnez généralement à des activités qui vous plaisent et qui vous stimulent, des activités que vous n'accomplissez pas par obligation, mais par pur plaisir. Et la passion est toujours synonyme de plaisir.

Sixième exercice – Liste de passe-temps

Prenez le temps de bien analyser vos temps libres et la façon dont vous les utilisez. Dressez-en ensuite la liste. Si votre passion est déjà assez bien définie, votre liste sera courte et facile à rédiger. Une longue liste peut laisser supposer plusieurs passions ou une méconnaissance de ce qui vous enthousiasme. Il faut aussi faire une distinction entre les intérêts et les passions. Plusieurs sujets peuvent vous intéresser sans nécessairement vous passionner. Une longue liste peut donc correspondre à plusieurs champs d'intérêts.

Notes sur le sixième exercice :

_____

_____

_____

_____

_____

_____

_____

_____

Septième exercice – Révision des champs d'intérêt

·Notre passion peut parfois se révéler par des activités précises. Dans cet exercice, vous êtes invité à faire la liste des livres (genres) que vous lisez, des films que vous aimez, des émissions de télévision que vous préférez, des sports que vous exercez. Essayez de faire des regroupements, des liens. Si, par exemple, vous lisez des intrigues policières, que vous courez les films du genre et que vous ne ratez pas une série policière à la télé, il est évident que le domaine des intrigues et des enquêtes vous passionne. Il est peut-être trop tard pour devenir policier ou enquêteur (et peut-être pas!), mais vous pouvez très bien, par exemple, vous mettre à écrire des scénarios ou des romans reliés à votre passion.

Notes sur le septième exercice :

_____

_____

_____

_____

_____

_____

_____

_____

_____

_____

_____

_____

_____

_____

3. Sondez votre cœur

La passion est codée dans votre cœur, non dans votre tête ou dans votre intellect. Elle est souvent déraisonnable et peut même parfois sembler irréaliste ou illogique. Mais, lorsqu'on la ressent, lorsqu'on lui permet de s'exprimer, lorsqu'on cesse de la refouler le plus loin possible, on ne peut plus la taire ni l'ignorer. Parce qu'elle est le feu inspirant qui nourrit notre être, elle représente le sens à donner à notre vie.

Voici deux exercices méditatifs pour vous aider à sonder votre cœur pour y découvrir votre passion :

Huitième exercice – Faire comme si...

Pour cet exercice, assurez-vous d'être dans un endroit paisible où vous ne serez pas dérangé. Par des respirations lentes et profondes, entrez dans un état méditatif. Lorsque vous vous sentez prêt et pleinement détendu, demandez-vous ce que vous feriez de votre vie si vous n'aviez aucune contrainte.

N'ayez pas peur des réponses. Jouez le jeu complètement. Ne vous mettez pas de barrières. Soyez libre pour une fois. De toute façon, tout se passe à l'intérieur de vous. Votre monde actuel ne changera pas pour autant. Faites comme si vous pouviez choisir librement comment occuper vos journées. Que feriez-vous ? Souvent, dans un tel exercice, les premières réponses apparaissent farfelues et ne correspondent pas nécessairement à votre passion. Par exemple, si l'argent est une contrainte pour vous en ce moment et que vous essayez de vous visualiser comme si vous étiez complètement indépendant de fortune, il se peut que votre esprit libère un surplus de limitations et de frustrations en vous suggérant des images de récompenses immédiates, comme faire le tour du monde, vous payer des croisières de luxe. Accueillez ces suggestions. Ne les rejetez pas d'emblée, car elles renferment peut-être des indices intéressants. Il s'agit cependant d'être en mesure d'aller au-delà, d'aller plus loin.

Par exemple, si nous reprenons l'idée des croisières luxueuses ou du tour du monde, peut-être votre passion est-elle reliée aux voyages. Faites alors comme si vous étiez agent de voyages ou guide-accompagnateur touristique pour aider les gens à vivre de belles expériences de voyage. Comment vous sentez-vous ? Ou imaginez que vous êtes aide humanitaire à travers le monde. Comment vous sentez-vous ? Ou imaginez que vous ouvrez un hôtel ou un gîte touristique quelque part dans le monde. Comment vous sentez-vous ?

Notes sur le huitième exercice :

_____

_____

_____

_____

_____

_____

_____

_____

_____

_____

_____

_____

_____

Chapitre 1 : *Dévoiler sa passion*

Neuvième exercice – Décrire sa journée de rêve

Dans un endroit calme et retiré, prenez une feuille de papier (ou plusieurs) et un stylo puis réfléchissez à ce que serait une journée typique de votre vie de rêve. Prenez votre temps afin de bien sélectionner les éléments de cette journée de rêve. Il ne s'agit pas de mettre sur papier une journée exceptionnelle d'un milliardaire, mais bien une journée typique si vous étiez libre de faire ce que vous voulez, une journée du quotidien de votre vie de rêve. Pensez à l'heure de votre lever. Comment se passerait l'avant-midi, l'après-midi et la soirée ? Imaginez les gens que vous y rencontreriez ou qui vous accompagneraient dans cette journée, les activités qui vous occuperaient, les sentiments que vous ressentiriez.

Notes sur le neuvième exercice :

_____

_____

_____

_____

_____

_____

_____

_____

_____

_____

_____

_____

Chapitre 1 : *Dévoiler sa passion*

4. Servez-vous du miroir

La fonction première d'un miroir est de refléter des images. Le miroir peut devenir un outil intéressant vous permettant de voir les choses sous un autre angle. Il vous renvoie le reflet de vous-même, ce qui peut être très révélateur.

Dixième exercice – Interrogation devant un miroir

Rien de mieux que de se regarder dans le miroir pour se découvrir. Bien sûr, on peut faire l'exercice devant un véritable miroir en se regardant profondément et en se posant des questions – comme si l'on parlait à un étranger : « Qu'aimes-tu faire dans la vie ? Qu'est-ce qui te passionne ? » Le fait de se regarder et de se poser des questions (je sais, c'est à la fois étrange et intimidant, mais si l'on traverse ces premiers sentiments, l'exercice est profitable) permet de faire émerger des réponses. Accueillez-les comme si c'était un étranger qui vous parlait. Ne vous censurez pas. Exprimez tout haut ce que votre cœur vous répond instantanément (je vous conseille de faire cet exercice lorsqu'il n'y a personne à la maison !).

Notes sur le dixième exercice :

_____

_____

_____

_____

_____

_____

_____

_____

Chapitre 1 : *Dévoiler sa passion*

Onzième exercice – Utilisation des miroirs que sont les autres

On dit souvent que les autres sont des miroirs dans notre vie, que les gens que nous côtoyons sont des reflets de nous-mêmes. Alors, servez-vous de ces miroirs particuliers. Posez-leur des questions à votre sujet. Comment vous voient-ils ? Quels talents ou quelles forces remarquent-ils en vous ? Dans quel genre de carrière vous verraient-ils ? Accueillez leurs réponses et notez-les. Vous pourrez y découvrir un indice, une piste que vous n'aviez pas vue ou vous constaterez peut-être que leurs réponses confirment ce que vous avez vous-même découvert auparavant.

Notes sur le onzième exercice :

_____

_____

_____

_____

_____

_____

_____

_____

_____

_____

_____

_____

_____

_____

Chapitre 1 : *Dévoiler sa passion*

5. Utilisez les rêves de nuit

Les rêves ont la particularité de survenir lorsque l'intellect est au repos complet, soit lors de votre sommeil. Un tout autre monde prend la relève, un monde d'intuition, un univers plus subtil, bref, un mode de fonctionnement qui correspond mieux à la passion. Les rêves sont d'une grande utilité pour faire des découvertes, pour obtenir des informations et pour clarifier et comprendre des situations de la vie éveillée.

Certaines personnes diront qu'elles ne rêvent pas. Selon les experts, tout le monde rêve, mais tous ne se souviennent pas de leurs rêves. Un peu d'entraînement et une régularité peuvent favoriser les souvenirs de nos rêves.

Douzième exercice – Demande afin de rêver de sa passion

Avant de vous endormir, demandez à rêver de votre passion. Au réveil, ou durant la nuit, notez ce dont vous vous souvenez de vos rêves. N'oubliez pas que les souvenirs sont plus frais immédiatement après le rêve ou aux premiers instants du réveil. Répétez l'expérience. Tenez un journal de vos rêves et notez-y leur description et le sentiment principal que vous y ressentiez. Graduellement, faites des liens entre vos rêves. Quels sont les éléments ou personnages qui reviennent souvent ? Quels sentiments se répètent ?

Notes sur le douzième exercice :

_____

_____

_____

_____

_____

Chapitre 1 : *Dévoiler sa passion*

Chapitre 1 : *Dévoiler sa passion*

Si vous avez effectué les exercices proposés, vous devriez sans doute avoir à ce stade une idée, sinon très précise, du moins assez claire de la nature de votre passion. La clé qui vient tout confirmer est l'enthousiasme que vous ressentirez en y pensant et en vous imaginant la vivre quotidiennement.

Si votre passion ne s'est pas dévoilée ou si vous hésitez à la reconnaître, vous pouvez reprendre les exercices. Les portes de l'inconscient sont parfois lourdes à ouvrir et elles exigent plus d'efforts.

Pour ceux qui ont identifié leur passion, le voyage se poursuit avec le chapitre suivant. Avant de partir à la conquête de votre vie de rêve, vaut mieux connaître exactement vos acquis, vos faiblesses, vos forces, bref, faire l'inventaire de ce qui peut vous aider… ou vous nuire ! C'est ce que nous verrons au prochain chapitre.

Chapitre 2

❧

Évaluer sa situation

*A*vant de réaliser l'ascension d'une montagne, les alpinistes vérifieront soigneusement leur équipe-ment, feront l'inventaire de tout ce qu'ils doivent avoir avec eux, reverront leur plan de montée, s'assureront de la météo, etc. Avant de démarrer une entreprise, de lancer un nouveau produit ou de déclencher une opération commerciale, les gens d'affaires analyseront leur stratégie, reverront les études de marché, évalueront leurs forces et faiblesses et s'assureront d'avoir les bonnes personnes aux bons postes. Avant de construire un édifice, les entrepreneurs s'assureront d'avoir les permis, vérifieront la qualité du sol, prévoiront les matériaux et la main-d'œuvre dont ils auront besoin, considéreront la température selon la période de l'année, etc.

On pourrait poursuivre ainsi pour pratiquement toutes les réalisations. Cependant, ces exemples suffisent à vous démontrer l'importance de connaître vos forces et faiblesses avant d'entreprendre une opération importante. De plus, ce que vous amorcez est d'une très haute importance, car votre vie pourrait bien en être transformée à jamais.

1. Dressez la liste de vos forces, acquis et atouts

Cette section ainsi que les deux suivantes seront peut-être celles que vous trouverez les plus ardues à compléter. Bien que très bénéfique, l'exercice d'identifier nos forces et faiblesses n'est jamais facile et peu souvent mis en application. Il faut dire que l'on ne nous a pas vraiment appris à utiliser cette introspection au cours de nos années de formation. Pourtant, les bienfaits de cet exercice valent certainement tous les efforts exigés. Considérez cet exercice comme un bilan de santé : pas agréable à subir, mais nécessaire.

Treizième exercice – Dresser la liste de ses atouts

Commencez positivement et analysez vos atouts. Il s'agit ici de faire l'inventaire de tous vos acquis, forces, talents, ressources, etc. Certains de ces atouts ne vous serviront pas pour mettre en branle votre vie de rêve, mais vous serez surpris de constater que plusieurs points positifs sont à votre disposition pour entreprendre votre démarche. Parfois, nous ne soupçonnons pas qu'un atout quelconque peut nous servir. Par exemple, si vous possédez une maison, cet atout peut servir de bien des façons. La demeure peut vous procurer une équité pour investir ou prendre un congé sabbatique, elle peut être louée en tout ou en partie pour garantir un revenu, elle peut offrir un local ou un atelier qui permet une déduction des coûts, elle peut être offerte en garantie pour un prêt important, etc.

Chapitre 2 : *Évaluer sa situation*

Pour faciliter votre tâche, divisez l'analyse des atouts en quatre catégories : les finances, les biens matériels et autres avoirs, les forces et lacunes personnelles, les relations. Ne faites surtout pas l'erreur pour l'instant d'ajouter des *mais* au bout de certains de vos atouts. Nous verrons plus loin les faiblesses et manques. Le tout s'équilibrera à la fin. Par exemple, avoir une maison à offrir en garantie pour un prêt est un atout. Notez-le. Cependant, dans les faiblesses, peut-être noterez-vous votre insécurité. Alors, au final, l'atout de départ ne sera peut-être pas considéré.

1.1 Dressez la liste détaillée de vos ressources financières. Cela inclut votre salaire, vos rentes, vos REER, vos économies, vos dépôts à terme ou vos actions, diverses entrées d'argent (régulières ou non) :

_____

_____

_____

_____

_____

_____

_____

_____

_____

_____

_____

_____

1.2 Cela inclut aussi la liste de vos dépenses mensuelles (si vous n'avez jamais tenu un journal de vos dépenses, ce serait très utile de le faire, au moins sur un mois ou deux. Aujourd'hui, les relevés bancaires détaillés facilitent cette analyse). En examinant vos dépenses, vous pourriez très bien découvrir des sommes qu'il serait facile d'économiser en coupant ou en restreignant certaines dépenses (par exemple, les sorties au restaurant, les habitudes alimentaires ou de vie – comme la cigarette –, les achats compulsifs, etc.).

Dressez la liste de vos dépenses mensuelles :

_____

_____

_____

_____

_____

_____

_____

_____

_____

_____

_____

_____

_____

_____

1.3 Dressez la liste de vos biens acquis. Notez tout – ainsi, vous n'oublierez rien –, même si les paiements ne sont pas encore complétés. Cela inclut la maison, les autos, les véhicules à moteur (bateau, tout-terrain, etc.), les tableaux, les outils, les articles de loisirs (instruments de musique, outils d'artiste, de jardinage, etc.), des meubles particuliers, etc. :

_____

_____

_____

_____

_____

_____

_____

_____

_____

_____

_____

_____

_____

_____

_____

_____

_____

_____

_____

_____

1.4 Maintenant, dans la liste précédente, identifiez les objets ou biens que vous n'utilisez pas ou peu et dont vous pourriez vous départir. Par exemple, si vous avez mis dans votre liste un tout-terrain, il peut être utile si votre passion est le jardinage, par exemple, mais peu nécessaire si votre passion est la peinture ou la musique. Dans ce dernier cas, repérez-le dans la liste 1.3 et notez-le ici avec à côté le montant que vous croyez pouvoir obtenir en le vendant :

_____

_____

_____

_____

_____

_____

_____

_____

_____

_____

_____

_____

_____

_____

_____

_____

_____

_____

_____

_____

_____

1.5 Dressez maintenant la liste de vos atouts personnels. Cela comprend vos aptitudes physiques (force, santé générale, mémoire, etc.), vos talents particuliers, vos réalisations précédentes (par exemple, si vous souhaitez vivre de votre passion pour la peinture, avez-vous déjà des toiles réalisées et prêtes à être montrées, exposées en galerie ou utilisées pour produire des cartes, des sérigraphies, etc.?) :

_____

_____

_____

_____

_____

_____

_____

_____

_____

_____

Chapitre 2 : *Évaluer sa situation*

1.6 Dressez la liste de vos atouts relationnels. Indiquez le nom du contact, ses coordonnées, son lien avec vous, son domaine d'activité et en quoi il peut vous être utile. Cette liste inclut des parents, oncles, tantes, frères, sœurs, cousins, cousines, amis, relations professionnelles, relations interposées (un de vos bons amis ou un parent connaît peut-être une personne influente vers qui il pourrait vous diriger) :

_____

_____

_____

_____

_____

_____

_____

_____

_____

_____

_____

_____

_____

_____

_____

_____

_____

_____

Chapitre 2 : *Évaluer sa situation*

1.7 Dressez une liste de gens qui ont réussi dans un domaine relié à votre passion, même si vous ne les connaissez pas. L'une de ces personnes pourrait accepter de vous recevoir, de parler avec vous, de vous conseiller et même de vous recommander à certaines de ses connaissances :

Chapitre 2 : *Évaluer sa situation*

2. Dressez la liste de vos points faibles

Contrairement à la liste des atouts qui proposait de tout noter afin d'avoir bien en vue tous les actifs, nous allons cette fois dresser une liste de nos points faibles en fonction de notre passion. Par exemple, si vous avez un handicap physique qui réduit votre mobilité et que votre passion est l'écriture, il est peu probable que votre handicap vous empêche d'exploiter votre passion. Par contre, ce même handicap peut être un problème si votre passion est l'aménagement paysager. Il faudrait le noter dans la liste et en tenir compte. Il peut être intéressant de dresser la liste selon les quatre catégories vues précédemment, soit les finances, les biens matériels et autres avoirs, les forces et lacunes personnelles, les relations. Donc, pour chaque catégorie, inscrivez ce qui nuit ou vous empêche de vivre votre passion :

2.1 Dressez la liste de vos faiblesses ou de vos lacunes financières. Cela comprend, par exemple, des dettes, peu ou pas d'économie, peu de liquidité, un salaire peu élevé, etc. :

_____

_____

_____

_____

_____

_____

_____

_____

_____

_____

Chapitre 2 : *Évaluer sa situation*

2.2 Dressez la liste de vos faiblesses ou lacunes au niveau des biens matériels et des avoirs, et ce, toujours en fonction de votre passion. Par exemple, ce peut être un manque d'outils, de local, de matières premières, de matériel précis, de voiture, etc.:

_____

_____

_____

_____

_____

_____

_____

_____

_____

_____

_____

_____

_____

_____

_____

_____

_____

_____

_____

_____

_____

_____

_____

_____

_____

_____

_____

2.3 Dressez la liste de vos faiblesses ou lacunes sur le plan personnel. Cela peut inclure handicaps physiques, manque de connaissances, talents limités, techniques insuffisantes, etc. Par contre, cela peut aussi comprendre des traits de caractère dont il vous faudra tenir compte, par exemple, l'insécurité, l'anxiété, la timidité, etc.:

_____

_____

_____

_____

_____

_____

_____

_____

2.4 Dressez la liste de vos faiblesses ou lacunes sur le plan relationnel, par exemple peu ou pas de contact avec des gens œuvrant dans le domaine de votre passion ou des fréquentations – ou des relations – qui peuvent faire obstacle à votre passion. Notez comment ces relations vous nuisent :

_____

_____

_____

_____

_____

_____

_____

_____

_____

_____

_____

_____

_____

_____

_____

_____

_____

_____

_____

_____

_____

_____

_____

_____

_____

_____

_____

_____

_____

_____

Vous avez maintenant en main des listes de vos forces et faiblesses. Comme nous avons mis dans la liste de nos forces tout ce qui était possible de mettre, il faut faire le tri. Munissez-vous de deux surligneurs de couleurs différentes, idéalement vert et jaune. Utilisez le surligneur vert pour identifier toutes les forces ou tous les points forts de votre liste qui peuvent vous aider sans problème et facilement à vivre votre passion. Surlignez par contre en jaune les points forts qui pourraient être utilisés, mais en dernier recours. Cela doit être fait en lien avec votre liste de faiblesses. Pour chaque point fort ou chaque force, vérifiez si une faiblesse ou une lacune ne vient pas l'atténuer ou même l'annuler. Par exemple, si vous possédez une maison que vous pourriez hypothéquer ou mettre en garantie, mais qu'une de vos faiblesses est l'insécurité, il est préférable d'éviter de vous servir de l'actif que représente la maison pour l'instant et de le conserver comme ultime recours. Vous surlignez donc en jaune l'actif *maison*. Autrement, l'actif pourrait être surligné en vert.

Laissez tous les autres éléments en blanc, car ils ne vous serviront pas pour vivre votre passion, du moins pas pour l'instant.

N'oubliez pas de faire la même chose avec la liste des dépenses mensuelles qui peuvent être enrayées ou diminuées, car l'argent économisé devient une force dans votre plan d'action. Aussi, refaites le même procédé pour la liste des biens que vous pourriez vendre, car l'argent obtenu devient une force pour vous.

Une fois l'exercice complété, vous avez en main vos forces et faiblesses qui vous aideront ou vous nuiront dans l'art de vivre de votre passion. Vous détenez un atout précieux pour le reste de votre processus : vous connaissez votre situation actuelle. Vous savez ce qu'il faut améliorer ou acquérir, et ce sur quoi vous pouvez compter.

Il reste maintenant à en faire l'analyse afin de structurer un plan d'action réaliste et adapté à votre situation, ce que nous ferons au prochain chapitre.

Chapitre 3

❧❧❧

Faire son plan

V ous voici rendu à une étape cruciale de votre voyage vers une vie de rêve. Personne ne penserait à bâtir une maison sans d'abord avoir un plan. Ce que vous vous apprêtez à construire est beaucoup plus qu'une maison. C'est votre vie alignée sur votre passion, sur votre mission de vie que vous élaborez actuellement. Il vaut donc la peine de prendre le temps de préparer un plan afin de donner une direction à votre démarche.

Je n'insisterai jamais assez sur l'importance du plan. Non seulement donne-t-il la direction à suivre, mais il est également source de motivation et de sécurité. De plus, il ancre votre projet dans la matière et le temps.

Le plan doit toujours être fait en fonction de rechercher l'équilibre entre les zones de confort et d'inconfort. Il doit vous permettre de repousser vos limites et vous obliger à aller de l'avant. En même temps, il doit vous rassurer, vous enlever la pression de devoir faire des gestes extrêmes, comme démissionner d'un emploi prématurément.

En ce sens, le plan s'avère un outil subtil. Il oscille toujours entre les actions audacieuses et réconfortantes.

Le plan est un outil personnel. Conservez-le et adaptez-le à votre convenance. Certaines personnes se sentiront plus à l'aise en élaborant un plan très détaillé, ce qui les sécurise et leur donne une structure facile à suivre, alors que d'autres préféreront faire un plan plus sommaire, laissant place à l'inspiration et à l'accueil des occasions que la vie leur présentera.

Dans un cas comme dans l'autre, le plan devra tout de même permettre une certaine souplesse. Au moment où vous établissez votre plan, vous ignorez les conséquences de certaines étapes de votre plan. Toute action entraîne une réaction. Il faudra être en mesure d'intégrer ces réactions (ou ces résultats) à votre plan afin d'ajuster votre parcours en conséquence. Le plan devra donc évoluer en même temps que votre démarche. Soyez assuré que des occasions, des rencontres ou des événements particuliers se présenteront selon l'évolution de votre démarche. Vous n'en connaissez toutefois pas la nature et la teneur au moment de rédiger votre plan. Il importe donc de rester vigilant et ouvert afin de suivre le courant que la vie dessinera pour vous et d'y adapter votre plan.

Il est ainsi possible que votre plan initial soit plus ou moins adapté à votre démarche au fil du temps. Il pourrait même devenir complètement désuet. Il n'y a rien de troublant à cela. Il aura tout de même été utile pour démarrer votre démarche. Il se peut aussi que votre plan s'avère toujours valable et utile avec le temps.

Les lecteurs du livre *Le tableau de vie* se rappelleront sans doute le récit de son cheminement que fait le peintre David Marteens à

Fannie. Des rencontres et des événements ont propulsé la démarche du peintre de façon vertigineuse, si bien que son plan initial se trouvait largement dépassé.

Cela dit, il n'en va pas toujours ainsi. L'élément « temps » est sans doute celui qui pourra vous poser le plus de problèmes. Il faut accepter que l'on ne puisse tout changer en une journée, une semaine, un mois ou même une année. Souvenez-vous de toujours trouver l'équilibre entre la zone de confort et l'audace de repousser les limites. Un plan sur deux ou trois ans est généralement un bon choix, quoique, selon les cas, il peut s'étaler aussi sur quatre ou cinq ans. S'il s'étend sur moins d'un an, le plan créera souvent un stress pour la personne et risque de faire se précipiter les choses, ce qui peut anéantir la démarche. De plus, avec un plan de moins de deux ans, on donne peu de temps et d'espace à la vie pour qu'elle enchaîne les événements et les occasions qui soutiendront le plan.

Souvent, les gens seront pressés de changer leur vie, de modifier leur orientation. Même si cela est tout à fait naturel et compréhensible, on ne saurait trop insister sur la patience requise pour mener à bien le plan. De plus, il faut se souvenir que le bonheur n'est pas que dans la destination, mais tout autant dans le voyage lui-même. Apprenez à savourer les étapes de la démarche entreprise. Vous avancez graduellement vers votre vie de rêve ; sachez vivre pleinement cette démarche, appréciez-en chaque instant ; soyez fier de vous. Le temps deviendra alors moins important. De plus, chaque pas que vous ferez vous rapprochera de votre but, ce qui ajoutera à votre sensation de réussite et de bonheur.

L'élaboration du plan met véritablement en action de nouvelles énergies. C'est le moment opportun pour faire preuve de positivisme. Vous commencez réellement une nouvelle vie et vous devriez en ressentir de la motivation, de la joie et de l'enthousiasme. Ce seront vos carburants pour alimenter votre démarche. Je vous encourage à développer et à nourrir une attitude positive, ouverte et déterminée.

Ressentez tout le bonheur de prendre votre vie en main, car c'est ce que vous vous apprêtez à faire.

Élaborer son plan

Votre passion

Au premier chapitre, vous avez identifié ou précisé votre passion. Il vous faut maintenant réfléchir à la façon dont vous l'exploiterez. Une passion peut s'exprimer de plusieurs manières. Par exemple, si votre passion est le voyage, vous pourriez choisir de devenir agent de voyages, agent de bord, rédacteur pour des revues touristiques, propriétaire d'une boutique d'articles de voyage, guide-accompagnateur pour des groupes, interprète à travers le monde, employé sur un bateau de croisière, etc. Cet exemple vous montre que pour chaque passion, il est possible de trouver une façon d'en tirer un revenu et ainsi de gagner votre vie en faisant un travail relié à votre passion. On découvre même parfois que l'on peut relier deux passions par un même emploi. Selon l'exemple ci-dessus, une personne pourrait avoir la passion des voyages et celle de la musique. Elle pourrait alors viser un travail de musicien sur un bateau de croisière. Si, pour une autre personne, les passions sont l'écriture et les voyages, elle pourra choisir de devenir un reporter en pays étrangers et rédiger des articles pour des revues spécialisées. Il se peut cependant que vous ayez une seule grande passion (ou du moins une passion si importante qu'elle est prioritaire). À ce moment, il faut considérer toutes les options pour exploiter cette passion et en tirer un revenu. Parfois, certaines de ces options sont plus facilement réalisables et peuvent être un tremplin vers le summum dans la façon d'exploiter votre passion.

Exercice – Exploiter sa passion

Commencez par vous détendre et vous accorder un temps d'arrêt. Réfléchissez à toutes les façons possibles dont vous pourriez exploiter votre passion et en tirer un revenu. Même si certaines options vous semblent farfelues, inatteignables ou peu intéressantes, inscrivez-les tout de même. Cela vous ouvrira des horizons nouveaux et vous permettra de prendre conscience que vous pouvez trouver une façon de vivre votre passion. Efforcez-vous de trouver une douzaine de façons d'y parvenir. Peut-être aurez-vous besoin de quelques recherches pour vous aider, comme sur Internet, dans les bibliothèques, les centres d'emplois, etc., mais votre imagination doit aussi être mise en valeur, tout comme votre intuition. Essayez d'être à l'écoute de ce qui monte en vous.

Façons d'exploiter ma passion :

1) _____

_____

_____

2) _____

_____

_____

3) _____

_____

_____

4) _____

_____

_____

5) _____

_____

_____

6) _____

_____

_____

7) _____

_____

_____

8) _____

_____

_____

9) _____

_____

_____

10) _____

_____

_____

11) _____

_____

_____

12) _____

_____

_____

Chapitre 3 : *Faire son plan*

Maintenant, relisez votre liste et sélectionnez les options qui vous attirent le plus (deux ou trois au maximum). À partir de cette sélection, prenez le temps nécessaire pour vous « intérioriser » et vous visualiser en train de vivre chacune de ces trois options. Notez, pour chacune, vos sentiments, vos impressions :

Puis, décidez quelle option sera retenue pour vivre votre passion (ou l'option qui vous permettra de vivre deux de vos passions). Vous n'êtes pas obligé de choisir immédiatement. Prenez le temps d'explorer les options, de vous renseigner, de connaître des gens qui font cette activité, d'essayer de ressentir comment vous vous sentiriez dans un tel emploi. Bref, prenez le temps nécessaire pour vous assurer que l'option retenue correspond à votre passion, à ce que vous voulez réellement faire. Rien ne vous empêche de retourner à d'autres options rejetées au départ et de refaire un processus d'introspection à leur sujet.

Choix final : _____

_____

_____

_____

_____

_____

_____

_____

_____

_____

_____

_____

Ce choix représente la destination de votre démarche, mais non une finalité, car rappelez-vous que sur ce chemin vers votre vie de rêve, des occasions peuvent se présenter et modifier votre choix.

Vos forces et faiblesses

En considérant votre choix d'activité pour vivre votre vie de rêve, repassez vos listes de forces et faiblesses rédigées au deuxième chapitre (Évaluer sa situation).

Commencez par la liste de vos forces et atouts. Parcourez-la en notant ci-dessous tous les acquis, forces, ressources et connaissances qui peuvent vous servir pour l'atteinte de votre objectif, en précisant de quelle manière :

_____

_____

_____

_____

_____

_____

_____

_____

_____

_____

_____

_____

_____

_____

_____

_____

_____

Chapitre 3 : *Faire son plan*

Par la suite, refaites le même procédé avec votre liste de faiblesses ou lacunes. Inscrivez celles qui vous nuisent ou vous empêchent d'atteindre votre but et réfléchissez à une façon de combler ces lacunes ou faiblesses :

_____

_____

_____

_____

_____

_____

_____

_____

_____

_____

_____

_____

_____

_____

_____

_____

_____

_____

_____

Chapitre 3 : *Faire son plan*

Toutefois, il est possible que le fait d'identifier votre façon d'exploiter votre passion ait mis en lumière d'autres lacunes. Par exemple, selon notre exemple, si la personne opte pour être agent de voyages, il lui faudra sans doute suivre une formation et peut-être faire un stage.

Inscrivez des lacunes qui s'ajoutent à celles déjà identifiées :

_____

_____

_____

_____

_____

_____

_____

_____

_____

_____

_____

_____

_____

_____

_____

_____

_____

_____

Vous avez maintenant tous les éléments pour rédiger votre plan. Vous connaissez votre passion, vous savez comment vous souhaitez l'exploiter, vous avez identifié ce que vous possédez déjà en vue de réaliser votre objectif et ce qui vous nuit ou vous manque.

C'est à vous maintenant d'amalgamer toutes ces informations pour établir votre plan. Ça vous demandera sans doute du temps et des recherches dans certains cas (comme pour des cours, par exemple). Prenez votre temps. Prenez le temps de réfléchir, d'analyser, de songer à des solutions. N'hésitez pas à faire plusieurs brouillons, comparez-les, analysez les options possibles. Avant de fixer votre plan, rien ne vous empêche d'en créer plusieurs brouillons et de choisir le meilleur ou de les combiner en un seul.

Établissez la priorité des étapes et inscrivez-les en ordre chronologique.

Conseils :

* N'hésitez pas à chercher l'information qui vous manque. Votre plan n'en sera que plus réaliste.

* Entre les brouillons, prenez du recul afin de permettre au bouillonnement d'idées ou de possibilités de se calmer.

* Revenez constamment à vos forces et faiblesses afin de bien les utiliser ou de les compenser.

* Dans les échéanciers, n'oubliez pas de tenir compte de l'équilibre entre l'audace et la sécurité. Vous devez être à l'aise avec votre plan, tout comme il doit vous stimuler à passer à l'action.

* N'hésitez pas à montrer votre plan à une personne de confiance ou à une personne qui vit déjà ce que vous souhaitez atteindre. Vous en retirerez des informations pertinentes et des encouragements.

Voici deux exemples fictifs de plans d'action :

A) Le cas de Marie

Voyons d'abord le cas fictif de Marie qui, dans la quarantaine, reconnaît sa passion pour les voyages. Elle adore voyager, échanger avec les gens au sujet des voyages, et elle est intéressée par les pays. Elle choisit de devenir agente de voyages. Elle pourra ainsi combler sa passion en profitant des avantages de son emploi pour voyager et elle pourra du coup échanger avec les gens et les conseiller. Actuellement, elle travaille au gouvernement. À cause de ses obligations, elle ne peut démissionner de son travail prématurément. Par contre, ce dernier lui offre plusieurs avantages : plusieurs semaines de vacances, fonds de pension, horaires flexibles, possibilité de prendre un congé sabbatique. Comme atouts, elle a aussi des REER et une équité sur sa maison qui lui permettent une certaine flexibilité financière. En analysant sa situation, elle découvre que sa maîtrise de l'anglais n'est pas parfaite (exigence pour ce travail) et qu'elle n'a pas la formation requise. De plus, comme elle a peu voyagé, elle ne peut parler de plusieurs destinations en détail.

Dans son plan, elle doit commencer par combler ses lacunes. Des recherches lui ont permis de savoir qu'elle peut suivre une formation et obtenir un DEP dans le réseau public tout en maintenant son emploi. Cette formation est peu coûteuse, reconnue, mais peut prendre plus d'un an, voire plusieurs années. Elle a par contre découvert que la formation pour agent de voyage était aussi offerte dans des écoles privées et qu'elle pouvait être complétée en six mois. Cela dit, il lui faudrait débourser quelques milliers de dollars. Marie étudie les deux options. Comme elle a des ressources financières pour soutenir sa démarche, elle opte pour un cours dans un établissement privé. Elle suivra également une formation intensive en anglais afin de combler la seconde lacune, la langue. Elle pourrait choisir de prendre un congé sabbatique pour ces formations, mais elle préfère conserver cette option pour plus tard, lorsqu'elle sera prête à amorcer ce nouveau travail.

Le plan de Marie est relativement simple et bref.

Plan de Marie – Devenir agente de voyages

1) *Vérifier si j'ai tous les documents requis pour m'inscrire à la formation d'agent de voyages.*

2) *Procéder à mon inscription pour la prochaine session dans une école privée.*

3) *Utiliser mes économies pour payer cette formation.*

4) *Entre-temps, chercher un professeur privé d'anglais pour parfaire ma connaissance de cette langue et m'inscrire dès le mois prochain.*

5) *Utiliser aussi mes économies pour défrayer les coûts de cette formation.*

6) *Planifier mes économies, mon budget et mes REER afin de prendre un congé sabbatique dans un an.*

7) *Faire ma demande pour un congé sabbatique dès maintenant.*

8) *Lire un livre – guide de voyage – par semaine sur une destination. Ainsi, dans un an, j'aurais lu des informations sur 52 destinations dans le monde.*

9) *Parler le plus possible aux gens que je rencontre de leurs voyages afin d'accumuler des informations sur différentes destinations, sur les préférences des gens, etc.*

10) *Après la formation d'agent de voyages et d'anglais, dénicher un stage d'un mois ou deux.*

11) *Chercher un emploi comme agent de voyages tout en conservant mon emploi actuel.*

12) *Prendre un congé sabbatique dès que je trouve un emploi. Si ce nouvel emploi ne me convient pas, j'aurai toujours la sécurité de retourner à mon emploi précédent.*

B) Le cas de Charles

Charles est un homme approchant la cinquantaine. Après un épuisement professionnel à son emploi actuel de directeur commercial pour une importante entreprise, il a décidé de tout mettre en œuvre pour suivre sa passion : l'artisanat sur bois. Il rêve depuis longtemps de monter sa propre affaire et d'exploiter son talent.

Ses ressources sont d'abord son talent, quelques acquis financiers, une maison dont il pourrait utiliser le garage adjacent comme atelier et une quantité d'outils. Ses lacunes sont sur le plan du démarrage d'une entreprise, d'un outillage incomplet, d'un véhicule permettant de transporter ses œuvres et d'un réseau de distributeurs pour faire connaître ses produits.

En analysant sa situation, Charles décide de conserver son emploi pour encore un an. Durant cette année-là, il réduira certaines dépenses et économisera au maximum afin d'amasser le plus d'argent possible. Avec l'argent économisé et quelques REER retirés, en plus de la vente d'un des deux véhicules familiaux, il pourra acheter l'outillage manquant, un peu de matériel de production (bois) et une camionnette d'occasion. Il gardera aussi un peu d'argent pour le jumeler au salaire de sa femme et ainsi être en mesure d'assumer ses responsabilités durant au moins un an sans autres revenus après avoir démissionné de son emploi. Entre-temps, durant l'année où il conserve son emploi actuel, il suivra une formation sur le démarrage d'une entreprise, il élaborera une gamme de produits originaux et il s'efforcera de produire le plus d'éléments possible. Pour la distribution, il espère un jour avoir un local sur une artère touristique. D'ici là, il se renseignera sur tous les salons et expositions auxquels il peut participer pour faire connaître ses produits et en vendre.

Plan de Charles – Vivre des arts du bois

1) *Conserver mon emploi pour un an.*

2) *Durant cette année-là, suivre une formation de démarrage d'entreprise.*

3) *Sélectionner les outils manquants et me les procurer.*

4) *Vendre la seconde voiture.*

5) *Rencontrer mon planificateur financier pour le retrait de mes REER et l'ajustement de mon portefeuille financier.*

6) *Aménager le garage en atelier.*

7) *Aménager un bureau au sous-sol pour la comptabilité et le travail de bureau.*

8) *Trouver une camionnette d'occasion.*

9) *Décider de la gamme de produits offerts.*

10) *Produire le plus d'éléments possible en un an pour le moment du démarrage.*

11) *Analyser les possibilités pour la distribution de mes produits.*

12) *Identifier et sélectionner les expositions auxquelles je veux participer.*

13) *Commencer durant les fins de semaine à faire quelques expos pour tâter le terrain et ajuster ma production, au besoin.*

14) *Trouver un nom d'entreprise et définir un logo.*

15) *Faire imprimer des cartes professionnelles.*

16) *Projeter l'idée d'un local dans le temps.*

17) *Après un an, démissionner de mon emploi. C'est parti !*

18) *Augmenter et diversifier ma production.*

19) *Participer à un maximum de salons et d'expositions.*

20) *Monter un catalogue de mes produits.*

21) *Bâtir un site Internet.*

22) *Être à l'affût des locaux disponibles.*

23) *Envisager l'embauche d'une personne pour s'occuper de la paperasse, des ventes, etc., afin de me permettre de développer mon art et mes produits au maximum.*

Le plan de Charles pourra se compléter avec le temps ou se modifier selon les circonstances. Par exemple, si Charles est approché par un propriétaire de boutiques, il pourra peut-être modifier son plan et ne pas ouvrir de local lui-même.

De même, Charles pourra reprendre toutes les étapes et les détailler au besoin, s'attardant à chacune d'elles.

À vous de jouer maintenant. Créez le plan qui vous dirigera vers votre but. Surtout, amusez-vous à le faire. On parle de votre passion après tout !

Mon plan

Mon but : _____

_____

_____

_____

_____

Le temps prévu pour y parvenir : _____

_____

_____

_____

_____

Les étapes pour l'atteindre : _____

_____

_____

_____

_____

_____

_____

_____

_____

_____

_____

_____

Chapitre 3 : *Faire son plan*

Chapitre 4

Passer à l'action

Un plan demeure un outil efficace dans la mesure où il est mis en action. Sans action, le plan est inutile. Imagineriez-vous une personne ayant planifié un long voyage (itinéraire, réservation, billets d'avion), mais qui décide de rester à la maison ? Certes, non ! La personne a une destination et un itinéraire, mais elle doit agir en conséquence pour y parvenir.

Vous aussi, vous avez un plan, une destination, un itinéraire. Lui seul ne vous mènera nulle part. Si vous passez à l'action, votre plan devient votre meilleur compagnon de route.

Cette étape paraît plus simple qu'elle ne l'est en réalité. Bien que le plan implique une forme d'engagement, c'est à cette étape-ci que vous vous lancez concrètement.

Il se peut que vous hésitiez, que vous doutiez ou même que vous ayez envie de tout arrêter. Une dose de courage et de confiance est requise pour démarrer votre projet (d'ailleurs, le courage et la confiance devront dorénavant faire partie de votre coffre à outils). Cette réaction est normale. Certains fonceront avec enthousiasme et sans hésiter dans la concrétisation de leur projet. Par contre, plusieurs personnes douteront et hésiteront.

C'est ici que l'équilibre entre l'audace et la sécurité dans votre plan sera bénéfique. Relisez votre plan ; revoyez les étapes ; rassurez-vous en constatant sa faisabilité ; passez en revue les points forts du plan. Au besoin, réajustez votre plan, mais, de grâce, passez à l'action. Lancez-vous ! Si vous avez acheté ce livre et si vous vous êtes rendu jusqu'à cette étape-ci, c'est bien sûr parce que vous souhaitiez changer votre vie, l'aligner sur votre mission de vie, sur votre passion. Vous avez fait un pas immense en ayant identifié votre passion, de quelle façon vous vouliez l'exploiter et comment vous alliez y parvenir. Vous avez fait une introspection importante sur ce que vous vouliez, sur vos forces et atouts, tout comme sur vos faiblesses et lacunes. Si vous ne passez pas à l'action, rien ne changera. Demain sera comme hier, l'année prochaine sera comme l'année dernière. C'est en agissant que vous transformerez votre avenir.

Si vous avez établi un plan très détaillé, les premières actions sont déjà déterminées. Si votre plan est plus sommaire, prenez le premier élément et décortiquez-le en étapes sous-jacentes. Le premier geste à faire est sans doute tout simple, et le deuxième l'est probablement tout autant. Évitez de trop considérer toutes les étapes à venir. Surtout, évitez de vous inquiéter pour les étapes plus cruciales (comme démissionner d'un emploi, contracter un emprunt, etc.).

Lors d'un voyage à Hawaï, je me rappelle avoir gravi le volcan Diamond Head. En bas du volcan, l'ascension me paraissait pratiquement insurmontable. J'imaginais tous les pas à faire, tous les efforts à fournir. Cependant, j'ai compris finalement qu'à chaque instant, je n'avais qu'un pas à faire. Et tous ces pas s'additionnant, j'ai finalement atteint le sommet, et ce, plus facilement que je l'avais cru au départ. Adoptez la même attitude avec votre plan et votre projet. Abordez une étape à la fois. Concentrez-vous à la compléter et passez à la suivante. Certaines étapes s'échelonnent sur des mois ou même des années (une formation scolaire, par exemple), mais il est toujours possible de les diviser quand même en tranches (par exemple, dans le cas d'une formation, se concentrer sur une session à la fois ou sur un mois à la fois).

En vous concentrant sur une étape à la fois, vous constaterez que la plupart des étapes sont faciles à réaliser ou du moins très accessibles. Gardez en tête votre objectif global, votre destination, mais mettez votre *focus* sur une étape à la fois. Puisque votre plan concerne votre passion, vous aurez du plaisir à avancer étape par étape, car vous serez de plus en plus connecté à votre passion.

Reprenez donc votre plan et voyez quelle est la première action à entreprendre. Fixez-vous un échéancier pour la compléter, même si elle ne prend que quelques heures ou une journée. Décidez des moments où vous commencerez cette action et où vous la compléterez.

Ensuite, lorsque la première action est complétée, faites de même pour la suivante, et ainsi de suite.

Je recommande de tenir un journal dans lequel vous pourrez inscrire les étapes franchies et noter des observations sur les événements, les occasions, les rencontres qui se créeront au fur et à mesure des actions que vous faites. Ce journal vous servira aussi de source de motivation. Vous trouverez en annexe un exemple d'un tel journal.

En s'effritant au fil du temps, la motivation peut devenir votre maillon faible. Il faut veiller à la nourrir et à l'entretenir. Outre le journal dont nous venons de parler, il existe d'autres moyens pour alimenter votre motivation :

1) Créez un rappel quotidien sur votre ordinateur qui affichera une pensée positive que vous aurez choisie, par exemple « une journée de plus qui me rapproche de mon but » ou « aujourd'hui, je fais un geste pour nourrir mon but ». À vous de choisir ce qui vous motivera.

2) Sélectionnez ou créez des pensées positives que vous noterez sur des cartons ou des *post-it* et que vous placerez un peu partout au bureau, à la maison ou dans l'auto.

3) Relisez souvent votre plan.

4) Lisez ou renseignez-vous sur votre passion (et commencez déjà à l'exploiter, si possible).

5) Faites un montage de photos (images personnelles ou puisées dans des magazines) illustrant votre démarche ou votre but (votre vie de rêve) et affichez-le dans un endroit où vous le verrez souvent.

6) Rédigez un texte décrivant votre journée typique, une fois que vous vivrez votre vie de rêve (n'oubliez pas d'écrire au présent, sans condition), et relisez-le régulièrement.

7) Prenez des temps d'arrêt fréquents plus ou moins longs pour rêver à votre vie de rêve, pour imaginer votre but atteint. Ces temps sont différents de la visualisation que nous verrons plus loin. Ils exigent moins de temps, moins de concentration et se font n'importe où. On pourrait les appeler des « visualisations-minute ». Ce sont des temps de rêverie qui, bout à bout et souvent répétés, sont plus puissants que l'on pourrait le croire au départ.

8) Trouvez des personnes qui vivent la vie dont vous rêvez et qui sont parvenues à vivre de leur passion. Aussi souvent qu'il est possible de le faire, échangez avec eux. Posez-leur des questions, apprenez comment ils y sont parvenus, inspirez-vous de leur

cheminement. L'auteur à succès John P. Strelecky[2] a développé cette méthode qu'il explique dans son livre *Le safari de la vie*. Vous y puiserez une autre source de motivation.

La visualisation

Que ce soit pour nourrir votre motivation et entretenir votre enthousiasme ou pour activer et accélérer la réalisation de votre but, la visualisation est un exercice extrêmement puissant. D'excellents ouvrages offerts sur le marché renseignent le lecteur désireux d'approfondir le sujet – cela déborde le propos de ce livre.

Résumons simplement ici le processus, ce qui vous permettra de commencer immédiatement à utiliser cet outil précieux.

Commencez par vous retirer dans un lieu calme et paisible où vous êtes certain de ne pas être dérangé pour au moins une quinzaine de minutes. Prenez le temps de vous détendre en pratiquant de profondes respirations. Lorsque vous êtes détendu, imaginez votre objectif atteint. Il est important de ressentir cette réussite. Il s'agit de bien plus que de se voir simplement dans une scène, mais bien d'*être* dans la scène imaginaire. Faites intervenir vos sens : voyez des gens vous féliciter, ressentez leur poignée de main ou leur tape sur l'épaule, entendez les félicitations. Faites comme si… tout était accompli, comme si votre but était réalisé. Ressentez l'euphorie, la joie, la liberté que cette réussite vous procure. Imaginez tout, jusqu'à en sourire réellement, jusqu'à en tressaillir ou en avoir des frissons. La clé est de ressentir que votre but est atteint.

Puis, lentement, vous revenez à votre réalité de maintenant.

Pratiquer quotidiennement la visualisation, c'est se donner l'occasion de participer à sa propre réussite et d'optimiser ses chances de succès.

---

2. Tous les livres de John P. Strelecky sont publiés aux Éditions Le Dauphin Blanc.

C'est à vous de jouer maintenant. C'est à vous d'agir, de faire les actions requises. Cette étape exigera de vous du courage, de la motivation et du cran. Cependant, vous découvrirez avant longtemps un fait dont bien des gens peuvent témoigner : la vie soutient ceux qui suivent leur passion, ceux qui œuvrent en accord avec leur raison d'être. Des occasions se présenteront, des rencontres s'orchestreront sans que vous les ayez planifiées. Tout cela parce que vous serez passé à l'action. C'est comme si la vie (ou l'Univers, ou Dieu, peu importe) œuvrait pour vous aider à atteindre votre but.

Vous êtes au cœur de votre aventure de la conquête de votre vie de rêve. Savourez chaque instant.

«N'oubliez jamais que vous
ignorez jusqu'où vous mènera
chacune des actions
que vous ferez.»

David Marteens
Le tableau de vie

«Dès que nous poursuivons
nos rêves et que nous vivons
selon notre passion,
des portes s'ouvrent,
comme si tout s'orchestrait
pour nous aider.»

David Marteens
Le tableau de vie

Chapitre 5

Persévérer… sans s'entêter !

A i-je besoin de vous rappeler que nous vivons dans une réalité où le temps joue un rôle crucial ? La nature elle-même l'enseigne : ce que vous semez prendra des mois à pousser et à être récolté. Quel que soit votre projet, votre but, il y a fort à parier qu'il se matérialisera au bout d'un certain temps de gestation, de maturation.

Vous devrez donc faire preuve non seulement de patience, mais aussi de persévérance. Il est fréquent de traverser des passages à vide ou des périodes de calme plat entre des actions ou des événements. En fait, même si rien ne semble évoluer, très souvent, c'est tout à fait le contraire. Une gestation est en cours, des énergies sont en branle. C'est dans ces périodes qu'il faut principalement persévérer, continuer à poser des gestes, à visualiser sa réussite et à nourrir sa motivation.

Les lecteurs du livre *Le tableau de vie* se rappelleront qu'entre des rencontres ou des occasions, rien ne se passait dans la vie du peintre David Marteens. C'était le calme plat. Ce calme apparent camouflait la gestation d'une prochaine rencontre ou d'une nouvelle occasion. Le peintre devait maintenir le cap sur sa vision, sur son but et poursuivre les actions entreprises.

La gratitude est une attitude gagnante tout au long de la vie, mais encore plus dans ces passages à vide. Remerciez pour les étapes franchies, pour les occasions survenues, mais remerciez aussi pour celles à venir. Soyez reconnaissant envers la vie qui vous appuie ; remerciez-la pour vos talents, vos ressources, vos rencontres ; ressentez de la gratitude pour le chemin parcouru, pour celui que vous parcourez et celui à venir.

Un autre moyen pour s'aider à persévérer est de s'accorder à l'occasion une gratification, une forme de récompense pour le chemin parcouru jusque-là. Idéalement, cette gratification serait en lien avec votre passion, mais ce n'est pas une obligation, pour autant qu'elle vous procure du plaisir.

Des échecs ou des erreurs de parcours peuvent survenir. Il vous faudra évaluer leur impact et décider de poursuivre ou de modifier votre plan initial. Rappelez-vous que dans l'histoire de l'humanité, les plus grandes réalisations, découvertes ou réussites ont presque toujours été précédées d'échecs et de revers. Il faut considérer ces revers comme des signaux d'alerte. Quelque chose doit être modifié, soit dans votre plan, soit dans votre façon de l'appliquer, soit dans votre attitude.

Il est possible aussi qu'un revers (ou plusieurs) cherche à vous informer que vous n'êtes pas vraiment dans votre mission. Vous n'êtes pas encore aligné sur votre raison d'être. Votre passion est ailleurs ou doit être abordée différemment. Il se peut que votre plan ne donne pas les résultats escomptés. Peut-être que vous êtes mal aligné sur votre raison d'être, peut-être que vous rêvez d'autre chose qui vous semble irréaliste et peut-être que votre plan initial a fait jaillir des occasions qui cherchent à vous amener sur une autre voie.

Si persévérer est généralement une attitude à adopter, il faut avoir aussi la sagesse et la lucidité de modifier ce qui ne fonctionne pas.

Il faut donc pouvoir être en mesure de modifier son plan, même au stade de la persévérance. Vous devez vous permettre de modifier l'orientation de votre plan si vous en ressentez le besoin, mais cette mesure demeure extrême et de dernier recours. Si la persévérance est de mise, la sagesse l'est tout autant.

Les gens me demandent parfois jusqu'où doit-on persévérer. Tout dépend de chacun. Si le fait de persévérer ne met pas votre vie en danger, ne vous place pas dans une situation où vous pourriez tout perdre ou ne nuit pas à personne, je vous dirais de persévérer jusqu'à la réussite! Sinon, il vaut mieux savoir s'arrêter avant de se briser dans un précipice. Je donne souvent l'exemple d'Abraham Lincoln qui a subi plusieurs revers avant de finalement remporter les élections à la présidence des États-Unis. Les revers de Lincoln ne mettaient pas son existence ou celle de ses proches en péril. Il a pu persévérer jusqu'à la victoire. Même chose pour l'auteur Richard Bach. Il a essuyé des dizaines et des dizaines de refus avant de voir un éditeur accepter de publier son livre *Jonathan Livingston, le goéland*, qui allait devenir un méga best-seller dans le monde entier. Durant toute la période des refus, Bach poursuivait sa vie. Il tirait un revenu de son travail de pilote.

Si votre persévérance vous conduit au bord du gouffre financier, si elle met en péril la sécurité et le bien-être de votre famille, de ceux dont vous êtes responsables ou de vous-même, alors je vous conseillerais de faire une pause dans votre cheminement et de réévaluer votre plan. Peut-être votre tir est-il mal aligné, peut-être n'est-ce pas le bon moment dans votre vie pour persévérer, peut-être votre passion cherche-t-elle à vous amener ailleurs... La persévérance ne doit pas devenir une excuse pour ne pas se remettre en question.

Un journal de bord peut vous être très utile tout au long de votre démarche, mais principalement au stade de la persévérance ou de la transformation. Si vous avez noté l'évolution du processus et tout ce qui est survenu, tant positivement que négativement, alors vous serez en mesure soit de vous rassurer et vous motiver à persévérer, soit de découvrir ce qui n'a pas fonctionné et pourquoi. Ce journal peut devenir pour vous un outil d'analyse et de réflexion fort utile.

Comme le mentionne le titre de ce chapitre, persévérez, mais ne vous entêtez pas jusqu'à tout perdre. Il est sage de savoir écouter et décoder les messages de la vie. Généralement, ils vous conduisent à bon port.

Conclusion

Félicitations ! Vous voilà maintenant engagé sur le chemin de la vie de vos rêves.

Plus vous avancerez sur la route de votre passion, plus vous en retirerez un bonheur quotidien. Est-ce que tout sera facile ? Non ! Vous affronterez des défis et des embûches. Cela dit, vous serez stimulé par eux, car ils seront reliés à votre passion. Vous connaîtrez de plus en plus l'immense joie et la grande satisfaction d'aimer VRAIMENT ce que vous faites.

À votre tour, vous pourrez témoigner aux autres de la possibilité de transformer leur vie et de vivre leur passion. Plus nous serons nombreux à être passionnés par ce que nous faisons, meilleur sera le monde. Soyez généreux de votre temps, de vos conseils, de votre temps d'écoute et de vos encouragements. N'hésitez jamais à donner un coup de pouce à ceux qui veulent entreprendre la même démarche que vous venez d'accomplir.

Je vous souhaite l'épanouissement de tout votre être à travers la poursuite et l'exploitation de votre passion.

Remerciements

*J*e tiens d'abord à remercier tous les lecteurs de mon livre *Le tableau de vie* et principalement ceux qui m'ont écrit ou qui sont venus me rencontrer lors de salons ou de séances de signature. Leur témoignage et leurs commentaires m'ont profondément touché. Je souhaite que ce livre ait répondu à leurs nombreuses questions et qu'il les soutienne s'ils décident d'entreprendre la belle aventure de leur passion.

Je tiens également à remercier les membres de l'équipe qui m'entoure aux Éditions Le Dauphin Blanc et qui m'aident par leurs talents, leur appui et leurs encouragements : Marie-Chantal, Sonia, Marjorie, Jenny, Patrick et les deux Pierre.

Mon journal de bord pour la quête de la vie de mes rêves

Liste des étapes franchies

Étape 1   **Date :** _____

Description : _____

_____

Résultat : _____

_____

Étape 2   **Date :** _____

Description : _____

_____

Résultat : _____

_____

Étape 3   **Date :** _____

Description : _____

_____

Résultat : _____

_____

Étape 4   **Date :** _____

Description : _____

_____

Résultat : _____

_____

Étape 5   Date : _____

Description : _____

_____

Résultat : _____

_____

Étape 6   Date : _____

Description : _____

_____

Résultat : _____

_____

Étape 7   Date : _____

Description : _____

_____

Résultat : _____

_____

Étape 8   Date : _____

Description : _____

_____

Résultat : _____

_____

Mon journal de bord pour la quête de la vie de mes rêves

Étape 9   Date : _____

Description : _____

_____

Résultat : _____

_____

Étape 10   Date : _____

Description : _____

_____

Résultat : _____

_____

Étape 11   Date : _____

Description : _____

_____

Résultat : _____

_____

Étape 12   Date : _____

Description : _____

_____

Résultat : _____

_____

Étape 13   Date : _____

Description : _____

_____

Résultat : _____

_____

Étape 14   Date : _____

Description : _____

_____

Résultat : _____

_____

Étape 15   Date : _____

Description : _____

_____

Résultat : _____

_____

Étape 16   Date : _____

Description : _____

_____

Résultat : _____

_____

Étape 17   Date : _____

Description : _____

_____

Résultat : _____

_____

Étape 18   Date : _____

Description : _____

_____

Résultat : _____

_____

Étape 19   Date : _____

Description : _____

_____

Résultat : _____

_____

Étape 20   Date : _____

Description : _____

_____

Résultat : _____

_____

Occasions qui se sont présentées

Date : _____

Description : _____

_____

_____

_____

_____

Effet sur mon plan : _____

_____

_____

_____

Date : _____

Description : _____

_____

_____

_____

_____

Effet sur mon plan : _____

_____

_____

_____

Date : _____

Description : _____

_____

_____

_____

_____

_____

Effet sur mon plan : _____

_____

_____

_____

Date : _____

Description : _____

_____

_____

_____

_____

_____

Effet sur mon plan : _____

_____

_____

_____

Mon journal de bord pour la quête de la vie de mes rêves

Date : _____

Description : _____

_____

_____

_____

_____

_____

Effet sur mon plan : _____

_____

_____

_____

Date : _____

Description : _____

_____

_____

_____

_____

_____

Effet sur mon plan : _____

_____

_____

_____

Date : _____

Description : _____

_____

_____

_____

_____

_____

Effet sur mon plan : _____

_____

_____

_____

Date : _____

Description : _____

_____

_____

_____

_____

_____

Effet sur mon plan : _____

_____

_____

_____

Mon journal de bord pour la quête de la vie de mes rêves

Date : _____

Description : _____

_____

_____

_____

_____

_____

Effet sur mon plan : _____

_____

_____

_____

Date : _____

Description : _____

_____

_____

_____

_____

_____

Effet sur mon plan : _____

_____

_____

_____

Événements marquants

Date : _____ **Lieu :** _____

Observations : _____

_____

_____

_____

_____

_____

Date : _____ **Lieu :** _____

Observations : _____

_____

_____

_____

_____

_____

Date : _____ **Lieu :** _____

Observations : _____

_____

_____

_____

_____

_____

Date : _____ **Lieu :** _____

Observations : _____

_____

_____

_____

_____

_____

Date : _____ **Lieu :** _____

Observations : _____

_____

_____

_____

_____

_____

Date : _____ **Lieu :** _____

Observations : _____

_____

_____

_____

_____

_____

Date : _____ **Lieu :** _____

Observations : _____

_____

_____

_____

_____

_____

Date : _____ **Lieu :** _____

Observations : _____

_____

_____

_____

_____

_____

Date : _____ **Lieu :** _____

Observations : _____

_____

_____

_____

_____

_____

Rencontres déterminantes

Nom : _____

Fonctions : _____
_____

Coordonnées : _____
_____
_____

Date de la rencontre : _____

Lieu de la rencontre : _____

Comment ou par qui j'ai été mis en contact avec cette personne : _____
_____
_____

Conseils de la part de cette personne : _____
_____
_____
_____
_____

Personnes à qui elle m'a référé : _____
_____
_____
_____

Nom : _____

Fonctions : _____

_____

Coordonnées : _____

_____

_____

Date de la rencontre : _____

Lieu de la rencontre : _____

Comment ou par qui j'ai été mis en contact avec cette personne : _____

_____

_____

Conseils de la part de cette personne : _____

_____

_____

_____

_____

_____

Personnes à qui elle m'a référé : _____

_____

_____

_____

_____

Mon journal de bord pour la quête de la vie de mes rêves

Nom : _____

Fonctions : _____

_____

Coordonnées : _____

_____

_____

Date de la rencontre : _____

Lieu de la rencontre : _____

Comment ou par qui j'ai été mis en contact avec cette personne : _____

_____

_____

Conseils de la part de cette personne : _____

_____

_____

_____

_____

Personnes à qui elle m'a référé : _____

_____

_____

_____

_____

Nom : _____

Fonctions : _____

_____

Coordonnées : _____

_____

_____

Date de la rencontre : _____

Lieu de la rencontre : _____

Comment ou par qui j'ai été mis en contact avec cette personne : _____

_____

_____

Conseils de la part de cette personne : _____

_____

_____

_____

_____

_____

Personnes à qui elle m'a référé : _____

_____

_____

_____

_____

Mon journal de bord pour la quête de la vie de mes rêves

Nom : _____

Fonctions : _____

_____

Coordonnées : _____

_____

_____

Date de la rencontre : _____

Lieu de la rencontre : _____

Comment ou par qui j'ai été mis en contact avec cette personne : _____

_____

_____

Conseils de la part de cette personne : _____

_____

_____

_____

_____

_____

Personnes à qui elle m'a référé : _____

_____

_____

_____

_____

Nom : _____

Fonctions : _____

_____

Coordonnées : _____

_____

_____

Date de la rencontre : _____

Lieu de la rencontre : _____

Comment ou par qui j'ai été mis en contact avec cette personne : _____

_____

_____

Conseils de la part de cette personne : _____

_____

_____

_____

_____

_____

Personnes à qui elle m'a référé : _____

_____

_____

_____

_____

Mon journal de bord pour la quête de la vie de mes rêves

Nom : _____

Fonctions : _____

_____

Coordonnées : _____

_____

_____

Date de la rencontre : _____

Lieu de la rencontre : _____

Comment ou par qui j'ai été mis en contact avec cette personne : _____

_____

_____

Conseils de la part de cette personne : _____

_____

_____

_____

_____

Personnes à qui elle m'a référé : _____

_____

_____

_____

_____

Nom : _____

Fonctions : _____
_____

Coordonnées : _____
_____
_____

Date de la rencontre : _____

Lieu de la rencontre : _____

Comment ou par qui j'ai été mis en contact avec cette personne : _____
_____
_____

Conseils de la part de cette personne : _____
_____
_____
_____
_____
_____

Personnes à qui elle m'a référé : _____
_____
_____
_____
_____

Mon journal de bord pour la quête de la vie de mes rêves

Nom : _____

Fonctions : _____

_____

Coordonnées : _____

_____

_____

Date de la rencontre : _____

Lieu de la rencontre : _____

Comment ou par qui j'ai été mis en contact avec cette personne : _____

_____

_____

Conseils de la part de cette personne : _____

_____

_____

_____

_____

_____

Personnes à qui elle m'a référé : _____

_____

_____

_____

_____

Nom : _____

Fonctions : _____

_____

Coordonnées : _____

_____

_____

Date de la rencontre : _____

Lieu de la rencontre : _____

Comment ou par qui j'ai été mis en contact avec cette personne : _____

_____

_____

Conseils de la part de cette personne : _____

_____

_____

_____

_____

_____

Personnes à qui elle m'a référé : _____

_____

_____

_____

_____

Notes personnelles

Mon journal de bord pour la quête de la vie de mes rêves

Mon journal de bord pour la quête de la vie de mes rêves

Pour rejoindre l'auteur,
vous êtes invité à écrire à l'adresse courriel suivante :

alainwilliamson@dauphinblanc.com

ou à l'adresse postale suivante :

Alain Williamson
Éditions Le Dauphin Blanc
825 boul. Lebourgneuf, bureau 125
Québec, Qc,
Canada
G2J 0B9